DU CANAL SAINT-MARTORY

ET DE

SON ALIMENTATION

Par C. MAIGNON.

Il y a de l'eau dans la Garonne!
(Dicton populaire.)

Le compte de chaque canal. — L'avis de M. de Dombasle. —
MM. Montet et Maitrot de Varennes. — Les pentes. —
La zone de Toulouse. — Le concessionnaire. —
Les ressources cachées. — Le canal de
ceinture. — La loi de 1846.

PRIX : 1 FRANC.

TOULOUSE,
GIMET, LIBRAIRE,
RUE DES BALANCES, 66.

1863.

DU CANAL SAINT-MARTORY

ET DE

SON ALIMENTATION

Par C. MAIGNON.

Il y a de l'eau dans la Garonne !
(Dicton populaire.)

——◆——

Le compte de chaque canal. — L'avis de M. de Dombasle. —
MM. Montet et Maitrot de Varennes. — Les pentes. —
La zone de Toulouse. — Le concessionnaire. —
Les ressources cachées. — Le canal de
ceinture. — La loi de 1846.

——◆——

TOULOUSE,
GIMET, LIBRAIRE,
RUE DES BALANCES, 66.
—
1863.

DU CANAL SAINT-MARTORY [1]

ET DE

SON ALIMENTATION.

La plaine située sur la rive gauche de la Garonne s'arroserait tout entière au moyen des trois branches du canal Saint-Martory, désignées sous les noms de canal de Muret, canal de Toulouse, et canal supérieur ou *Variante*.

L'Etat exécutera-t-il en même temps ces trois artères de l'irrigation? — Notre population l'espéra tout d'abord, aussitôt que fut ouverte la souscription à l'arrosage; elle l'espère encore malgré les apparences contraires ; quant à nous, nous l'avons toujours demandé avec instance.

L'avis de la commission départementale, celui du Conseil général des ponts et chaussées sont autant de motifs de craindre de longs retards dans la réalisation de l'ensemble du projet. Par suite de ces avis

[1] Le journal *le Politique* du 23 février nous apprend que la Société d'agriculture sollicite l'établissement du réseau complet de l'irrigation, et nous voyons dans l'*Aigle* du 7 mars que le Conseil général des ponts et chaussées est une seconde fois appelé à donner son avis sur cette grande affaire. Le moment est venu de rappeler nos titres et de combattre, encore une fois, les objections qu'on nous oppose.

M. le Ministre paraît disposé à adopter un système restreint d'exécution, à établir d'abord un seul canal, à expérimenter l'arrosage sur une seule des trois zones (1), et à reculer ainsi jusque dans un avenir trop lointain peut-être, cette heure bénie, où les eaux, envahissant la partie la plus aride et la plus pauvre de la plaine, y répandront, avec leur fécondité et leurs richesses, le sentiment d'une large reconnaissance pour notre glorieux souverain.

Personne, parmi les intéressés, n'avait d'abord songé à faire de distinction entre les canaux; les propriétaires des différentes zones se regardaient comme solidaires les uns des autres, et s'excitaient à l'envi à répondre à l'appel du gouvernement. La cause de chacun semblait être la cause de tous, et nous marchâmes à la souscription en nous serrant les mains. Mais lorsque la commission départementale fut réunie, l'on apprit avec douleur qu'une de ses principales préoccupations était l'ordre d'exécution des canaux; d'après elle, il convenait de les établir *successivement*; elle trouva bon d'annoncer que la priorité appartenait de droit au canal de Toulouse, le canal de Muret venait ensuite; ce serait plus tard le tour de la *Variante*. Ce tour de la *Variante* arriverait-il jamais? La commission exprimait un doute, accompagné *d'un grand regret; et prévoyant le jour où serait reconnue la nécessité de renoncer à la*

---

(1) En commençant les travaux par une zone, évidemment M. le Ministre désire que l'irrigation s'étende peu à peu dans toutes les autres. Sa décision pourrait, à cause de circonstances locales et très-particulières, produire un résultat qui ne répondrait pas à son désir.

Variante, elle trouvait bien vite des consolations, en reportant sur le petit canal de *Labastidette* son œil, un moment attendri (page 20 du Rapp. de la C. D.)

Le Conseil général des ponts et chaussées suivit les errements de la commission départementale. Il est même allé beaucoup plus loin dans un sens exclusif; sans entrer aujourd'hui dans ce détail, contentons-nous de savoir qu'il recommande la ligne de Toulouse, comme devant être exécutée aux frais de l'Etat.

Tels sont les termes, pleins de restrictions, dans lesquels la question fut de nouveau posée, au moment même où la souscription se clôturait; l'honneur de l'initiative en revient à la commission départementale. Il nous a bien fallu les accepter de force; nous l'avons fait à contre cœur, et nous nous sommes hasardé avec répugnance dans une discussion délicate. Que faire? S'abstenir? Non! nous n'avions pas le droit de nous taire, et d'abandonner notre cause, la cause de vingt-sept communes! puisqu'elle n'était pas définitivement jugée.

Nous n'avons donc pas hésité à aborder publiquement cette grave question, que nous n'aurions nous-même engagée à aucun prix. Quel canal doit être établi le premier? quelle zone, arrosée la première? Nous avons répondu hautement : C'est le canal supérieur, c'est la zone de la *Variante*.

Nous ne l'avons pas affirmé purement et simplement, nous n'avons pas affiché la prétention ridicule d'exprimer une opinion, sans en déduire les motifs. Nous avons essayé, comme c'était notre droit, de prouver nos propositions en discutant l'avis de la commission départementale.

La commission départementale prévoyait *que la Variante ne pourrait pas se faire, à cause de l'élévation de la dépense, ou* POUR D'AUTRES MOTIFS (page 20 du Rapp.); elle prononçait, en parlant de notre canal, le mot : *nécessités financières*. Hé, hé ! c'est un grand mot, devant lequel il est prudent de s'incliner. Cherchons l'économie, c'est un devoir ; et dès lors ne conseillons plus à l'Etat d'arroser à chers deniers, dans les zones de Toulouse et de Muret, l'hectare qui s'arrose , proportionnellement, à bien meilleur marché dans la *Variante!* (1) A ce point de vue, particulièrement signalé par la commission départementale, le choix entre les canaux ne saurait être douteux ; et les chiffres , les chiffres désintéressés, les chiffres aveugles et sourds, les chiffres invincibles dans leur obstination, donnent le premier rang à la zone supérieure.

M. de Raynal, en nous livrant ces chiffres, est devenu le premier défenseur de la *Variante* ; il nous a enfin annoncé que la *Variante* est le moins cher des trois canaux ! Mathieu de Dombasle, avec tous les agronomes, ajoute : Ce sera le plus productif ! (2) Ce canal, nous assurent MM. Montet et Maitrot de Varennes, n'économisera pas seulement de l'argent ; il économisera l'eau (3). Il faudra moins d'eau à la *Variante* pour arroser de plus vastes surfaces, et c'est là,

(1) Voir la note A, à la fin.
(2) Voir la note B.
(3) Voir la note C.

d'après **M. Montet**, non pas le ꜱᴇᴜʟ, mais « *un des grands avantages du tracé par les plateaux* » (Mém., p. 108).

Ouvrez les yeux; et vous verrez tous ces avantages que M. Montet indiquait, sans croire nécessaire de les expliquer. Regardez notre plateau supérieur : il vous montre, au pied de ses collines, un terrain onduleux, accidenté légèrement, avec des pentes assez accusées sans être trop rapides (1). Vous y pouvez pratiquer l'irrigation sans autre préparation et sans dépenses ; ces champs, pour employer une expression technique, sont tout dressés pour l'arrosage ; les eaux dociles y circuleront de suite par les chemins qu'il vous plaira de leur tracer ; bien plus ! elles disparaîtront à votre commandement (2). Là, vous ne saurez découvrir aucun des inconvénients attachés à l'irrigation. N'y rencontrant aucun obstacle, elle s'y développera avec la rapidité d'un incendie. Si tout la favorise sur le plateau supérieur, il n'en est pas de même dans les zones plates et basses; la porosité du terrain, la trop grande perméabilité du sous-sol, l'écoulement difficile des eaux, la réussite et l'extension de

---

(1) Voir la note D.

(2) Du moment que l'eau cesse d'être utile, elle devient nuisible ; il faut que le cultivateur ait cette eau à ses ordres..... Le plus grave des inconvénients est celui d'avoir des eaux stagnantes..... La condition fondamentale de tout bon système d'arrosage est, qu'après l'opération terminée, les eaux ne séjournent nulle part..... (Nad. de Buff., t. 2, p. 37, 41, 44.) Il est aussi important de procurer aux eaux un écoulement prompt et facile que de les conduire sur le terrain; l'irrigateur doit être, à tous les instants, maître absolu de l'eau. Il doit pouvoir la conduire à volonté dans chaque partie de la pièce, et l'évacuer promptement et, pour ainsi dire, *instantanément* (*Calendrier du bon cul.*, p. 529, Dombasle).

la culture de la vigne sont autant de difficultés, dont quelques-unes ne seront jamais vaincues. Commencer l'arrosage par les zones inférieures, c'est tenter une expérience douteuse, c'est accepter d'inévitables lenteurs, et courir le risque d'échouer, en ne réussissant pas assez vite (1). Tel est l'avertissement que nous donne la configuration de notre plaine.

Enfin, la souscription parle à son tour. Ne mérite-t-elle pas d'être écoutée? n'est-elle pas la voix du peuple? Elle nous dit : « La partie des canaux qui donne le revenu le plus en rapport avec le capital à dépenser » (art. 7 des engag. à l'arr.) est la *Variante;* par conséquent c'est elle que l'administration semblait désigner à l'avance pour une prochaine exécution. Comme elle seule offre au concessionnaire une rémunération suffisante, elle est seule possible dans les conditions déterminées par la lettre du 23 mai. De telle sorte que si cette lettre est maintenue dans tous ses termes ; si, d'une part, elle borne les études définitives à la zone de Toulouse sans les étendre à celle de la *Variante* ; si, d'autre part, elle maintient la nécessité d'un concessionnaire *sérieux* avant le commencement des travaux (2), l'entreprise vient se heurter contre une insoluble difficulté ; et malgré tout le bon vouloir de M. le Ministre, nous serons réduits à renoncer, pour bien longtemps encore, à des espérances trop vite conçues, et si brusquement évanouies.

(1) Voir la note E.
(2) Voir la note F.

Ainsi, propriétaires et paysans souscripteurs, ingénieurs, agronomes, tout le monde est d'accord : la seule branche du canal Saint-Martory, avantageuse aujourd'hui, et possible avec la décision ministérielle sainement interprétée, c'est la *Variante !*

Nous avons tenté de le démontrer dans notre *Lettre à M. le Ministre*, et dans notre travail intitulé : *des Etudes définitives*. Personne ne nous a répondu ; nos preuves sont restées sans réfutation, nos chiffres sans contradicteur. Il aurait été difficile de nous répondre, nous l'avouons sans éprouver l'embarras d'une fausse modestie ; car, au lieu de signer ces écrits de notre nom, nous aurions pu les signer, dans toutes leurs parties, du nom des hommes qui font le plus autorité. Nous n'avons été que leur copiste, et c'est là ce qui fait notre force !

Qu'avons-nous dit nous-même ? Rien. Nous nous sommes borné à faire appel à tous ceux qui, en possession d'une science et d'une expérience incontestables, se sont occupés des irrigations. Morts et vivants ont répondu ! MM. Montet, de Dombasle, de Raynal, Maitrot de Varennes, et Mescur de Lasplanes le premier ; avec eux notre vieux colonel Gleyses, blanchi par cette longue vie de travaux et d'études qu'inspira toujours le plus entier dévouement au pays. Ils se sont faits généreusement les patrons de notre *Variante* en détresse. Quel a été leur mobile ? Le besoin de la vérité. Puisse leur voix être entendue, et leurs sages conseils suivis ! puissent leurs belles inspirations ne pas devenir inutiles !

Comme on le voit, nous sommes venu très-bien

accompagné , sur ce terrain étroit où la commission départementale nous avait forcé de descendre. Faut-il y rester encore et continuer notre tâche ? Et pourquoi pas, si nous connaissons quelque vérité , ou quelques parcelles de vérité, utiles à montrer au grand jour? Nous parlerons donc, à nouveau, de l'alimentation des canaux d'arrosage ; et nous essaierons de détruire de trop vivaces préjugés qui nous nuisent. Nous serons conduit ensuite à traiter un point de détail, dont tout le monde reconnaîtra l'importance.

Lorsqu'on se préoccupe de l'alimentation du canal Saint-Martory, on comprend la nécessité de résoudre, de manière à ne laisser d'ombres dans aucun esprit , les trois questions déjà formulées dans *nos Etudes définitives* :

Combien d'eau faut-il pour l'arrosage d'un hectare?

Combien pour la plaine entière ?

Où puisera-t-on ces eaux ?

On nous pardonnera de corroborer par des aperçus nouveaux les réponses que nous avons déjà opposées à ces questions.

Il faudrait un écoulement continu d'un litre par seconde pour l'arrosage d'un hectare, d'après les anciennes instructions administratives du Conseil des ponts et chaussées, et l'on suppose généralement que les irrigations d'Italie consomment un litre. Cette fixation a une sorte d'apparence officielle , pour ainsi dire, et l'on comprend très-bien pourquoi M. de Raynal a cru devoir l'adopter , dans la formule des engagements, tout en se réservant le moyen de la diminuer plus tard. Le chiffre d'un litre se trouvant ainsi assez accrédité, il ne suffit point, pour l'effacer, d'un simple trait de plume.

Dans *nos Etudes définitives*, M. Nadault de Buffon l'a couvert de ses ratures ; essayons aujourd'hui de le faire entièrement disparaître.

M. N. de Buffon a bien voulu nous apprendre qu'un demi-litre d'eau par seconde et par hectare est la quantité qu'il convient d'attribuer aux prairies; — l'autorité de cet éminent professeur d'hydraulique est considérable. Longtemps chef des bureaux du ministère où se présentent les affaires relatives à l'irrigation, il a dû tous les jours en étudier les détails. A deux reprises différentes, et à douze ou quinze ans d'intervalle, il est allé faire les observations les plus pratiques , soit en Piémont, soit en Lombardie. Nous ne fatiguerons personne en le citant encore :

« .... Les prés ordinaires , les mieux arrosés de la » Lombardie, ne consomment pas un litre d'eau con- » tinu par hectare....

» Quand j'ai cité des observations, tendant à éta- » blir que l'on consomme moyennement un litre d'eau » par hectare, ou un mètre cube par mille hectares, » il est bon de ne pas perdre de vue que cela doit » s'entendre pour certaines localités de la Provence, » où prédomine la culture des jardins, de telle sorte » qu'il ne reste pas plus de demi-litre pour les prai- » ries ; et pour le nord de l'Italie, eu égard aux co- » latures (1), qui sont une chose fort importante,

---

(1) On appelle colatures les excédants des eaux d'irrigation qui n'ont pas été absorbées par le terrain.

» puisque les premiers usagers sont presque toujours
» en possession de rétrocéder, sous cette forme, le
» quart ou le tiers des eaux qui leur sont affec-
» tées.....

» Les cultivateurs (en Italie) ont de la peine à se
» persuader que cette eau peut devenir plus nuisible
» qu'utile; et de là beaucoup d'irrigations surabon-
» dantes qui n'ont jamais lieu sans faire beaucoup
» de mal..... » (2ᵉ édit. t. 2, p. 60 , 66, 72, 77).

Ainsi, nous le voyons, les cultivateurs italiens,
quand ils reçoivent un litre d'eau par hectare et par
seconde, n'en emploient que les deux tiers ou les
trois quarts au plus sur des terrains *en pente*, reven-
dent le reste sous le nom de *colatures*, et néanmoins
ils abusent de l'eau ; leurs arrosages pèchent par
excès, ils produisent « *souvent* un mal irréparable,
» consistant dans l'altération et dans la pourriture
» des racines» (t. 2. p. 72).

Tel est le fâcheux résultat où conduit trop souvent, au dire de M. N. de Buffon, l'emploi de 65 à
70 centilitres d'eau.

Ecoutons maintenant M. Maitrot de Varennes
(*Irrig. et desséch. de la Hte-Gar.*).Cet ingénieur nous
fournit de précieux renseignements. Par lui nous
savons que les canaux de Turin ne distribuent
aux prairies que 80 centilitres par seconde; ceux de
Pavie, 75; celui de Grenoble, 65; celui de Serbatojo
dans le Piémont, 36. Ces données appuient notre
thèse bien mieux que de longs raisonnements.

M. l'ingénieur Longeon rapporte un grand nombre
de cas observés par lui, où l'on a du superflu, et

même des colatures régulièrement utilisées, au moyen de 0 litre 60 à 0 litre 70. M. N. de Buffon, qui le cite, affirme péremptoirement que, dans les Pyrénées-Orientales, des arrosages sont suffisamment pourvus avec un quart de litre, mais, à la vérité, sans qu'il y ait colatures (t. 2, p. 78).

Les observations faites à Toulouse par M. Maitrot de Varennes, prouvent que l'arrosage de nos jardins maraîchers se fait avec une quantité d'eau correspondant tout au plus à un écoulement continu de 87 centilitres par seconde et par hectare, *ce maximum est même rarement atteint;* or, comme les jardins exigent deux et trois fois plus d'eau que les prairies, il s'ensuit que le demi-litre répondra largement à tous nos besoins.

La commission de 1838 ne demandait pas même cette quantité.

En 1838, M. Onfroy de Bréville, préfet de la Haute-Garonne, nomma, par un arrêté, en date du 1er juin, une commission chargée d'examiner le projet de MM. Mescur de Lasplanes et Sabatier.

Elle se composait de MM. Mescur de Lasplanes; — le général Sabatier; — de Lamarck, ing. en ch. des p. et ch.; — d'Aubuisson, ing. en ch. des mines; — Maguès, ing. en ch. du canal du Midi; — le général Caffarelli; — de Rémusat; — de Malaret; — de Bellecour et Cazeing-Laffont; ces quatre derniers membres du conseil général.

« Cette commission...., après avoir défalqué les » vignes, les propriétés bâties..., admit, en nombres » ronds, que 12,000 hectares devaient être arrosés

» dans la plaine de Muret; et, en supposant un
» arrosage tous les huit jours, on avait tous les
» jours 1,500 hectares à irriguer; ces 1,500 hecta-
» res, pour être couverts d'une nappe d'eau de 0 ^{m}.
» 0281 d'épaisseur, auraient exigé journellement un
» volume d'eau de 421,500 mètres cubes, ou par
» seconde. . . . . 4^m 8784

 » Ajoutant pour les pertes. 6216

 » On avait pour la portée du canal,
» par seconde. . . . . 5 50 »

 (M. de Varennes, p. 105.)

La commission de 1858, composée d'hommes
dont on ne saurait décliner la compétence, tranche,
par son autorité, un des principaux problèmes de
nos irrigations; il nous sera permis de répéter, après
elle, que six mètres cubes d'eau satisferaient à
toutes les demandes provoquées par l'administration, et formulées dans la souscription de 1861;
dès lors l'alimentation du canal Saint-Martory n'offre
plus de difficultés; c'est prouvé dans *nos Etudes définitives.*

Nous le prouvons aujourd'hui d'une autre manière; nous nous préoccuperons beaucoup moins du
nombre d'hectares souscrits, et beaucoup plus de
toutes les contenances susceptibles d'être arrosées
dans notre plaine.

Nous serions fondé, en nous appuyant sur M. Nadault de Buffon, et sur toutes les autorités que nous
venons de citer, à n'attribuer à l'arrosage d'un hectare de prairie que 0 litre 50, et la moitié de cette

quantité pour les autres cultures; nous ne le ferons pas.

Il vaut mieux adopter des chiffres exagérés, et par cela même incontestables de tout point. Admettons que l'arrosage des prairies demande 0 litre 75 par hectare, et celui des autres cultures, 0 litre 35.

A ce compte, combien nous faut-il d'eau pour la plaine entière?

Quoiqu'elle nous présente une superficie de 65,000 hectares, ce serait une étrange erreur de croire que l'on y arrosera jamais une aussi vaste étendue. Pour être dans le vrai, et ne pas nous livrer à des calculs imaginaires, mettons de côté les terrains qui refuseront toujours les eaux.

Les vignes tout d'abord; c'est au moins. . . . . 15,000 h.

Les propriétés bâties, les ruisseaux, les chemins, les places, les rues occupent approximativement. 2,000

Les plateaux inaccessibles aux rigoles, à cause de leur niveau trop élevé, les bois, les terres réservées aux céréales sont estimés bien bas à (1). 15,000

Total. 30,000

Ces déductions réduisent à 35,000 hectares les surfaces constamment arrosées, lorsque l'irrigation aura atteint son développement le plus complet. Sur

(1) Dans certaines années de sécheresse, les céréales demanderont quelques arrosages au printemps et en juin. A ces époques, les eaux sont surabondantes, et le concessionnaire aura toute facilité et tout intérêt à fournir ces arrosages moyennant une légère redevance.

ces 35,000 hectares, 25,000 en prairies exigeront 18 mètres 75 cubes d'eau ; 10,000 hectares en cultures diverses, à 0 litre 55, seront desservis avec 3 mètres 50.

La plaine entière consommera donc, en été, 22 mètres cubes par seconde.

Cette quantité n'effraiera personne, si l'on se reporte aux considérations développées dans notre brochure *des Etudes définitives*. Dans ce travail nous avons accepté des conditions défavorables jusqu'à l'absurde. Non content de supposer que l'étiage de la Garonne se produit en juillet et en août, ce qui est faux, nous avons admis que, pendant 50 et 70 jours, elle ne fournirait pas une goutte d'eau à nos irrigations. Même dans ces hypothèses, le concessionnaire se procurerait, avec une dépense annuelle de 7 fr. 50 c. (10 f., 12 fr. si l'on veut), les approvisionnements, vendus d'avance 55 fr. — Nous avions donc raison d'ajouter : Puisqu'il est possible de l'emmagasiner à ce prix, l'eau ne manquera jamais! Or, ce prix, nous ne l'avons pas inventé ; les chiffres ne sont pas de nous ; qu'est-il besoin de le dire? Ils viennent de M. Montet. Les devis de M. de Raynal nous seraient encore plus avantageux.

Les réservoirs nous ont donc servi, *dans nos Etudes définitives*, pour répondre à toutes les objections; nous les opposerons toujours aux besoins de l'avenir, quelque exagérés qu'on les suppose. Mais, pour les irrigations de la rive gauche, ils ne sont pas nécessaires; n'y pensons plus; retournons-nous vers la Garonne.

Aussi bien, nous avons hâte d'accomplir un devoir patriotique, en réhabilitant notre fleuve. Depuis que l'on s'occupe d'arrosage, nous le voyons avec peine en butte à un système de calomnies auquel la réputation la plus solide ne résisterait pas. Enfant de la Garonne, nous est-il permis de la laisser ainsi décrier? Comment! elle s'est chargée d'alimenter nos canaux, et cette promesse faite depuis si longtemps à MM. Mescur de Lasplanes, Michel Chevalier (1), d'Aubuisson et Montet; cette promesse écrite tout au long dans des mémoires et des livres, contresignée de noms célèbres; cette promesse ne serait qu'une gasconnade! Notre Garonne aurait impudemment menti! C'est à ne pas le croire; — nous ne le croyons pas, nous aimons mieux nous écrier avec le bon sens et la vérité du peuple : Il y a de l'eau dans la Garonne!

Il y a de l'eau pour tous, *dans la saison des arrosages*. Qu'importe, s'il vous plaît, qu'il en manque en octobre, en novembre, en janvier? la Garonne ne nous a rien promis pour l'hiver, et nous ne lui demandons rien. Est-ce qu'on arrose alors? est-ce que nous voulons convertir la rive gauche en marcites? (2) Quant au colmatage, s'il est faisable, on aura toujours le temps de le pratiquer; et l'on ne

(1) On se demande comment il se fait que les hommes n'aient pas songé à faire dériver un peu de cette eau, que la Garonne roule *avec tant d'abondance.....* (Michel Chevalier). La Garonne, à Toulouse, a 150 mètres cubes d'eau, charriée par seconde, dans son état ordinaire (*Traité d'hydraul.*, par d'Aubuisson des Voisins, 2e édit., p. 189).

(2) Prairies d'hiver.

2

choisira pas l'heure de l'étiage, parce que c'est l'heure des eaux claires et limpides ; on choisira le moment des grandes eaux limoneuses et troubles ; n'ayons de sollicitude que pour les arrosages de l'été.

Par suite de préoccupations inexplicables, chaque fois que l'on parle du canal Saint-Martory, la question d'eau s'enchevêtre dans le plus étrange *quiproquo*. L'étiage, dit-on, ne permet pas d'arroser, et l'on ne songe pas que personne ne veut arroser au temps de l'étiage !

Repoussons toute équivoque, et parlons clairement. Prouvons qu'il y a de l'eau pour tous en *mai, juin, juillet et août ;* nous rassurerons les propriétaires et les usiniers ; nous jetterons entre eux les bases pacifiques de l'union.

La Garonne a une vie qui lui est propre, vie agitée, irrégulière, sujette aux accidents, sensible à diverses impressions ; les pluies du ciel, la fonte des neiges, accélérée par la chaleur du soleil et par le souffle des vents, agissent vivement sur elle. Elle déborde vite, ne pouvant contenir dans ses rives ; amaigrie tout d'un coup, elle retombe dans son lit. Les variations de son régime ont donné naissance à cette terrible accusation ! elle ne roule que 36 mètres cubes d'eau par seconde !

Or, cette provision ne suffit pas aux besoins les plus indispensables, l'étude du bassin de la Daurade ne le prouve que trop.

La Garonne entière, ramassée dans ce magnifique bassin formé par les quais et le barrage en aval de Toulouse, doit de nombreux tributs.

Au château d'eau, pour les fontaines publiques   4^m 00

Au canal latéral.. . . . .   5 50

Au moulin Lignières. , ...   7

A la manufacture des tabacs. 2 50

A l'usine Talabot.   4

Et le Bazacle ! que ne doit-elle pas au Bazacle? Le Bazacle n'est-il pas, pour elle, un vieil ami , avec lequel elle n'a jamais su compter ? N'a-t-il pas depuis bien longtemps l'incroyable habitude de puiser dans ses bassins tout ce qu'il y veut prendre? et qui songerait donc à mettre un terme aux familiarités indiscrètes du Bazacle? Le Bazacle a protesté contre les irrigateurs ; les irrigateurs lui répondent avec tout le respect dû à son antiquité : Quelle est donc votre part ? Voudriez-vous la déterminer vous-même ? — voyons ! que vous faut-il? 15 mètres ? — 20 mètres? Cela ne suffit pas ? — Prenez-en 25, et gardez le silence. Ami, vous êtes vieux, soyez prudent ! Vous avez beaucoup vu sans avoir beaucoup appris , dit-on ; vos allures ne sont pas mieux réglées que celles d'un jeune homme , et votre prodigalité commence à passer en proverbe. Nous ignorons tous vos besoins ; mais ils seront sans doute largement satisfaits avec 25 mètres cubes d'eau qui suffiraient à l'arrosage de 50 mille hectares et qui créeraient pour l'agriculture une valeur de 100 millions.. 25

N'y a-t-il pas encore d'autres créanciers de

la Garonne ? une liquidation ne souffre pas d'oubli. Ne faut-il pas faire la part de quelque gaspillage ? Par prévision, ajoutons au débet du fleuve. 12

Total. 60

Ainsi la Garonne est obligée , pour faire face à ses engagements, de rouler à Toulouse 60 mètres cubes d'eau (1). Hélas ! pauvre Garonne ! à quoi bon parler d'elle , lorsqu'il s'agit d'irrigations ! elle n'a que 56 mètres d'eau par seconde !

Voilà ce que l'on pense, voilà ce que l'on dit, voilà ce que l'on prouve avec des chiffres officiels ! Qu'y a-t-il à répondre ? Un seul mot qui explique tout : ces arguments constituent précisément le *quiproquo* , l'équivoque , l'erreur dont nous avons à nous plaindre , et ils ne prouvent rien contre l'irrigation ; l'exposé véridique des faits et de leurs dates détruit , jusqu'à la racine , les objections que l'on croyait si puissantes.

Ouvrons les Mémoires de l'Académie des sciences ; nous y lirons ceci :

En 1852 la Garonne paraissait à sec ; depuis vingt ans, on ne l'avait vue aussi basse. Le personnel hydraulique s'émut, et , dans des circonstances aussi extraordinaires, M. Borrel , ingénieur en chef , crut convenable de se transporter sur les bords du fleuve,

_____

(1) Cette quantité est excessivement exagérée ; mais nous pouvons sans danger, nous montrer large jusqu'à cet excès. D'après M. Maitrot de Varennes, 30 mètres cubes suffisent pour le fonctionnement des usines, l'alimentation du canal latéral et les besoins de la ville (p. 133). Nous doublons son chiffre.

de le jauger, et de dresser procès-verbal en forme de cette opération. — Il conste, d'après ce procès-verbal, que le volume d'eau de la Garonne était, le 19 septembre 1832, de 35 mètres 78; le 3 et le 4 octobre, de 37 mètres 88 (*Mém. de l'ac.*, t. 4, Iʳᵉ partie, p. 79, 83, 84). Ces faits dûment établis, chacun se retira sous le poids des préoccupations les plus graves, comme on le pense bien, et revint à ses travaux ordinaires. Bientôt on n'y pensa plus; mais le procès-verbal est resté !

Le 10 décembre 1828, M. l'ingénieur Berdoulat avait trouvé dans la Garonne 60 à 70 mètres cubes d'eau. Le plus faible débit que M. M. de Varennes ait pu constater, correspond à 70 mètres cubes; c'est celui du 18 février 1854 (p. 340).

Tel a été le commencement d'une information, en quelque sorte juridique, intentée contre la Garonne. Cette information s'est poursuivie trente ans plus tard, en 1862. — 1862 ! année choisie entre toutes les autres, où l'on a pu comprendre combien l'eau est précieuse ! nous parlerons plus bas de 1862. Chaque année a son tour.

Ainsi le 19 septembre, le 3 et le 4 octobre 1832, le 10 décembre 1828, le 18 février 1854, on n'aurait pu pratiquer l'arrosage, cela est très-certain. Je vais plus loin ; je veux que tous nos septembres, nos octobres et nos décembres ressemblent à ceux-là ; à quoi arrive-t-on ? à démontrer que, dans certaines années exceptionnelles, par suite de phénomènes extrêmement rares, le volume des eaux descend à 36 ou à 38 mètres dans l'automne et pendant l'hiver.

Et qu'est-ce que cela fait aux irrigateurs ? Ont-ils exprimé des prétentions pour l'hiver et l'automne ? et parce qu'il n'y a pas toujours de l'eau dans l'automne et pendant l'hiver , voudrait-on leur refuser les eaux surabondantes qui se perdent pendant l'été ?

On tombe ici dans une erreur facile, et qui n'en est pas moins dangereuse. On suppose gratuitement que l'étiage de notre fleuve correspond à la saison des chaleurs et des sécheresses ; cela est vrai des rivières alimentées par les sources et les pluies ; cela est faux des rivières alimentées par la fonte des neiges et des glaces. Les fleuves d'Italie coulent à pleins bords en été, parce que l'été darde ses feux sur les glaciers des Alpes ; grâce aux neiges et aux glaces des Pyrénées, le régime de la Garonne est assez semblable au régime des rivières d'Italie.

« ...... Les mois d'avril, de mai et de juin sont, en
» général , ceux pendant lesquels ses eaux se sou-
» tiennent au niveau le plus élevé ; elles commencent
» à descendre en juin, et continuent en juillet , pour
» se maintenir à des hauteurs plus ou moins rappro-
» chées de l'étiage pendant les mois d'août et de sep-
» tembre. Les pluies de l'automne amènent une re-
» crudescence qui se prolonge pendant octobre et
» novembre ; mais en décembre , janvier et février ,
» par l'effet des froids dans les montagnes , le niveau
» se rapproche de l'étiage ; aussi doit-on considérer
» la Garonne comme ayant deux étiages : celui d'été,
» pendant les mois d'août et de septembre ; celui
» d'hiver, en décembre, janvier, février (Montet, *Mé-*
» *moire*, p. 4, 5).

« La Garonne présente deux étiages, l'un en été,
» au mois de septembre qui est le plus bas, et l'autre
» en hiver, au mois de janvier. Après l'étiage d'hiver,
» les débits deviennent considérables, pour atteindre
» généralement leur maximum fin de mai, ou com-
» mencement de juin (M. de Varennes, p. 540).

Donc, en mai, juin et juillet, les eaux de la Garonne sont abondantes, et les irrigations assurées.
Août représente l'époque difficile, douteuse, critique;
étudions-le de près.

M. M. de Varennes, afin de préciser la quantité
d'eau roulée par la Garonne, choisit deux périodes
de quatre ans, à un long intervalle l'une de l'autre,
et fait connaître les débits mensuels du fleuve pendant ces huit années.

J'extrais de son livre les débits de juin, juillet et
août; ceux d'avril et de mai étant toujours très-con-
sidérables, nous ne nous embarrasserons pas de
leurs chiffres.

TOTAUX EN MILLIONS DE MÈTRES CUBES

DES MOIS DE

	1810	1811	1812	1813
Juin.	1,176	731	984	997
Juillet. . . .	777	778	932	1,130
Août.	384	751	366	444

Les 366 millions du mois d'août 1812, et c'est le
chiffre le plus faible de ce tableau, répondent à un
écoulement continu de 135 mètres par seconde.

La seconde période , donnée par M. M. de Varennes, est celle de 1851 , 52, 53, 54.

TOTAUX EN MILLIONS DE MÈTRES CUBES

DES MOIS DE

	1851	1852	1853	1854
Juin.	1,015	871	1,831	1,260
Juillet. . . .	571	671	960	667
Août.	376	373	310	326

Le débit d'août 1855 est encore de 115 mètres cubes par seconde.

M. M. de Varennes ne croyait pas nécessaire de produire d'autres chiffres, pour convaincre tout le monde que la Garonne est en mesure de pourvoir à de vastes irrigations, même dans le mois d'août. S'il habitait encore notre département, s'il voyait à nu, comme nous les voyons , les préjugés opiniâtres toujours dressés contre le canal Saint-Martory , il nous rendrait le service de pousser plus loin sa démonstration ; à son défaut, nous le ferons nous-même , mais avec lui : il sera notre guide.

Il ne faudrait pas croire que M. Maitrot de Varennes exagère les débits de la Garonne ; il est plutôt porté à les diminuer : il cite d'abord le jaugeage de M. Borrel qui fixe ce débit à 35 mètres 78, la hauteur des eaux étant à l'échelle de l'embouchure de. 0,76

D'après MM. Berdoulat et Borrel, ce débit serait de 50 à 60 mètres cubes, lorsque les eaux s'élèvent à 0,92

M. Borrel l'estime à 100 mètres, lorsque l'échelle marque 1 mètre 10 centimètres. M. M. de Varennes ne l'estime qu'à 70 pour la même hauteur, et il a soin d'ajouter : « Ce n'est que dans des cas excessive-» ment rares que l'eau descend au-dessous de 1 mè-» tre, et il faut même parfois compulser les re-» gistres de plusieurs années, pour trouver la cote » 1 mètre 10 centimètres. Ce dernier débit est le plus » faible qu'il nous ait été possible de jauger par nous-» même. C'est celui du 18 février 1854 ; il nous a » donné 70 mètres cubes environ. M. Borrel estime » le débit de la Garonne, pour cette hauteur d'eau, » à près de 100 mètres cubes ; mais cette évaluation » est trop considérable, quoique nous ne voulions » pas dire que la nôtre ne puisse être un peu faible » (p. 340, 341).

Après avoir expliqué les procédés de ses jaugeages, cet ingénieur, qui aime comme on vient d'en juger, à se tenir plutôt au-dessous qu'au-dessus de la vé-rité, expose les résultats obtenus :

18 février 1854, débit	70 m. c.,	l'échelle marquant	1^m 10
28 janvier —	85	—	1 20
6 mars —	100	—	1 50
1ᵉʳ octobre 1855,	200	—	1 65
9 mai —	260	—	1 85
51 mai —	620	—	2 65
2 juin —	1660	—	4 10

Ces jaugeages, qui donnent une idée générale des quantités roulées en mai, juin et juillet, sont assez gradués pour nous permettre d'apprécier les ressources de la Garonne, au moyen des cotes du garonomètre de l'Embouchure, recueillies chaque jour, depuis 1810 , dans les registres de l'administration du canal du midi. M. M. de Varennes a donné les débits de deux périodes; étudions-en de nouvelles , en profitant de ses indications.

Dans les tableaux ci-dessous des différentes hauteurs du fleuve, constatées à l'échelle de l'Embouchure, nous indiquons la hauteur la plus constante du mois, en négligeant la plus grande et la plus petite; d'après les chiffres précédents, on a pu voir que les mois de mai et de juin sont hors de cause, aussi bien que celui d'avril ; comme nous l'avons indiqué dans *nos Etudes définitives*, les arrosages de septembre ne doivent pas nous inquiéter. Ils seront plus restreints quant au nombre des cultures ; ils exigeront de bien plus faibles quantités d'eau , et lors même qu'ils seraient répétés , seulement à de longs intervalles, les irrigateurs n'en souffriraient pas. La plupart du temps, les pluies ordinaires de cette saison les rendraient inutiles, peut-être même nuisibles. Nous n'avons donc à présenter que les chiffres relatifs aux mois de juillet et d'août. Nous les prenons dans diverses époques, éloignées les unes des autres, afin de donner l'idée la plus vraie du régime de la Garonne; et nous croyons répondre aux exigences les plus excessives, en ajoutant cinq périodes aux deux que nous venons d'emprunter à M. Maitrot de Varennes.

HAUTEURS DE LA GARONNE.

A L'ÉCHELLE DE L'EMBOUCHURE.

3e Période.	1815	1816	1817	1818	1819	1820
Juillet...............	2m 00	1m 90	1m 55	2m 13	1m 59	1m 62
Août..............	1 65	1 60	1 36	1 18	1 32	1 31

4e Période.	1835	1836	1837	1838	1839	1840
Juillet...........	1m 80	1m 38	1m 90	1m 60	1m 60	1m 50
Août.............	1 40	1 35	1 60	1 28	1 20	1 40

5e Période.				1825	1826	1827
Juillet...........				1m 64	1m 73	1m 76
Août.............				1 18	1 51	1 40

6e Période.				1845	1846	1847
Juillet...........				2m 20	1m 65	1m 40
Août.............				1 52	1 30	1 60

7e Période.				1855	1856	1857
Juillet...........				2m 21	1m 55	1m 60
Août.............				1 70	1 20	1 30

Nous produisons les débits de la Garonne pendant vingt-neuf ans. Un grand nombre de chiffres, recueillis de cette manière, forment l'inventaire le plus exact des ressources de notre fleuve; en juillet, il se maintient presque toujours au point de l'échelle 1m

65; il roule alors 200 mètres cubes d'eau par seconde. En août, il est habituellement à 1^m 40 et au-dessus; — il roule encore 150 mètres et davantage; il s'affaisse quelquefois jusqu'au point 1^m 30 ; il n'offre plus alors qu'un débit de 100 mètres. Ceci est arrivé deux fois pendant vingt-neuf ans, en 1819 et 1857.

Donc, pendant vingt-neuf ans, il aurait été possible de réserver 60 mètres à Toulouse, et l'on aurait pu attribuer à l'irrigation 140, 100, 80, 50 et 40 mètres au moins par seconde; c'est beaucoup plus qu'il ne nous en faut. Deux fois aussi, dans ce long intervalle, la Garonne s'est amaigrie davantage; en 1825 et 1856, au mois d'août, il lui est arrivé de ne débiter que 85 mètres cubes d'eau, l'échelle marquant 1^m 18 ou 1^m 20.—Cet accident extraordinaire, qui s'est reproduit une fois pour quinze ans, n'est-ce pas une exception ?

Eh bien! prenons cette exception pour notre règle, et supposons que 85 mètres cubes figurent comme la quantité la plus constante, la seule sur laquelle il soit permis de compter au mois d'août. Elle est encore assez grande pour faire disparaître le problème de l'alimentation du canal Saint-Martory. — Il n'y a plus de problème! laissant 60 mètres à Toulouse, il nous en reste 25 pour l'irrigation.

25 mètres cubes couvrent tous nos besoins, et comme nous l'avons démontré plus haut, jamais la rive gauche n'en consommera davantage pour ses irrigations d'été.

Il ne faut donc pas dire : Il n'y a pas d'eau pour toutes les zones! — Ou bien, avant de répéter cette triste parole, il faut détruire le livre de M. Maitrot de Varennes, détruire le fameux mémoire de M. Montet, détruire, jusqu'à la dernière feuille, ces registres où dorment, ensevelies depuis cinquante ans, les cotes du garonomètre que nous venons de réveiller. Que dis-je? — il faut détruire le garonomètre même; car il prend la parole lui aussi, ce vieux témoin de notre fleuve, et il vous crie d'une voix irréfutable : *Dans la saison des arrosages*, il y a de l'eau dans la Garonne!

Et que vont devenir les réservoirs, et ces immenses lacs, où nous aurions accumulé, en les condamnant au repos et au silence, les eaux folles et bruyantes des Pyrénées ? Que deviennent ces magnifiques prisons, où nous aurions tenu sous clef les capricieuses filles des glaces et des neiges ; où nous aurions enfin supprimé leur liberté dangereuse au printemps, pour leur rendre plus tard, sous les feux de nos soleils d'août, une liberté sage, mesurée et féconde? Hélas ! ils disparaissent, ces bassins que nous aurions admirés merveilleusement suspendus sur nos têtes. Ils sont inutiles, et c'est à regretter vraiment ! Un entrepreneur, un banquier, un homme d'argent se réjouira de cette économie de quelques millions, qui désolerait un poëte.

Les intérêts, dont le siége se trouve sur les bords de la Garonne à Toulouse, ne seront jamais lésés par les emprunts du canal Saint-Martory, ces emprunts ne s'élevant pas à plus de 20 ou 25 mètres, lorsque la Garonne débite à la hauteur de la ville un excédant toujours plus considérable. L'alimentation du canal

Saint-Martory est donc possible, facile, et ne doit alarmer personne ; M. de Raynal, avec sa haute raison, nous l'avait déjà dit dans son mémoire explicatif. Pourquoi donc a-t-on voulu s'effrayer à tout prix ? pourquoi certains usiniers ont-ils introduit des réclamations, peut-être même des protestations dans l'enquête ? Ne voient-ils pas que nous demandons de l'eau, lorsqu'ils en ont de reste ? et nous faut-il autre chose que leur superflu ? — La Garonne emporte, dans son lit, des richesses immenses qu'ils sont inhabiles à recueillir ? auraient-ils intérêt à nous empêcher de les saisir au passage, de les dérober à notre profit et au profit du pays, et de fixer dans notre plaine ces trésors qui s'en vont si rapidement à la mer ? Ne veulent-ils pas, comme nous, que le travail du paysan augmente et soit mieux payé, que la vie de tous se fasse moins pénible et plus aisée, que le peuple ait une nourriture meilleure à plus bas prix ? ne veulent-ils pas que la France, en devenant tous les jours plus riche, devienne tous les jours plus puissante ? — Certes ! nous nous garderons de porter contre eux ces injustes accusations. Nous comprenons les erreurs que nous avons un moment partagées nous-même. Mais toutes les erreurs et tous les préjugés doivent se dissiper devant là lumière des faits. Le temps des protestations est passé !

On nous observera que nous cachons les mauvaises années, et les usiniers ont le droit de ne pas les oublier comme nous. Pour ne pas mériter ce reproche, nous parlerons des années les plus sèches ; on devrait bien ne pas en tenir compte, elles se représentent à des intervalles si éloignés ! Supposons que des phénomènes très-accidentels rendent, chaque vingt ans , chaque quinze ans, l'irrigation impossible ; cela ne prouve rien contre l'irrigation. Faut-il volontairement se priver d'arroser jamais, parce qu'une fois , chaque quinze ans, l'eau nous manquera peut-être ?

Nous pourrions nous en tenir à cette observation; nous ne le ferons pas. Nous préférons exposer, avec détails , les années les plus défavorables et nous compléterons ainsi notre démonstration ; on verra , en effet , que l'eau manque fort peu , même lorsqu'elle manque le plus. Dès lors on se trouve amené à conclure qu'elle est surabondante dans les années ordinaires.

Voyons d'abord 1852.

« Cette époque fut celle des plus basses eaux que l'on eût constatées depuis vingt ans » (Procès-verbal de M. l'ing. Borrel).

En mai et juin 1852 la Garonne était pleine, comme elle l'est toujours dans ces mois-là. Au commencement de juillet, elle débitait encore 150 mètres cubes.

Nous donnons les cotes du garonomètre pendant les 62 jours de juillet et août.

La hauteur des eaux se maintint :

A 1ᵐ 20 de l'échelle, ou au-dessus. . . .	23 jours.
A 1ᵐ 10 —	 11
A 1ᵐ 00 —	 26
A 0ᵐ 98 —	 2
	62

Pour retrouver une semblable pénurie, il faut franchir trente ans. Arrivons à 1862. Cette année-ci, pendant les 62 jours de juillet et d'août,

La hauteur des eaux s'est maintenue à l'échelle de l'Embouchure :

A 1ᵐ 40 et au-dessus.		6 jours.
A 1ᵐ 20 —		13
A 1ᵐ 10 —		6
A 1ᵐ —		35
A 0ᵐ 98		1
A 0ᵐ 86		1
		62

Dans ces années, comme on le voit, 25 mètres cubes d'eau restent disponibles pour l'irrigation pendant 20 jours, à peu près, les 60 mètres de Toulouse réservés (1). 10 mètres cubes et davantage sont disponibles pendant 8 jours (2), 5 mètres au moins pendant 25 ou 30 jours (3).

Qu'y aurait-il à faire dans de pareilles circonstances ? Pendant les premiers 20 jours, on n'éprouverait aucun embarras, puisqu'on disposerait de 25 mètres cubes d'eau ; pendant 8 jours on réduirait les arrosages à un quart de litre : « les arrosages sont en-» core suffisamment pourvus avec un quart de litre » (Nad. de Buff.). Pendant les derniers 30 jours, la

(1) La hauteur des eaux étant à 1 mètre 20, le débit est de 83 mètres cubes.

(2) La hauteur des eaux étant au moins à 1 mètre 10, le débit est de 70 mètres cubes.

(3) La hauteur des eaux étant de 1 mètre à 1 mètre 08, nous supposons le débit de 65 mètres. Nous n'avons pas de jaugeages pour cette hauteur 'eau.

moitié de la plaine arrosée continuerait à recevoir cette quantité restreinte, la seconde moitié ne s'arroserait pas; voilà tout ! — Le moindre petit réservoir, le lac d'Oo par exemple, suppléerait au déficit ; car, avec sa provision de 25,000,000 de mètres cubes, il entretiendrait, pendant 30 jours, un écoulement continu de 10 mètres par seconde ; avec 2 , 3 , 5, 7 mètres puisés dans la Garonne, la plaine recevrait de 35 à 50 centilitres par hectare. Or, le lac d'Oo coûte pour son barrage 800,000 fr., d'après M. de Raynal ; n'économisons pas et mettons un million. Comme il garantirait le service de 35,000 hectares, il représente une dépense d'un capital de 30 fr. par hectare, soit annuellement 1 fr. 50 c., et non pas 7 fr. 50 comme nous le supposions dans *nos Etudes définitives*. — Reste à voir si l'on se déciderait à faire même cette dépense, pour parer à une nécessité que l'on ressentirait à peine chaque 10 , 12 ou 15 ans. — Nons en doutons.

Ainsi, en étudiant les années les plus sèches, nous arrivons encore à cette conséquence : que les réservoirs seront peut-être condamnés comme inutiles. Au lieu de les construire, on préférera, nous n'en serions pas du moins étonné, laisser l'irrigation en souffrance, sept ou huit fois par siècle. Mais si des besoins, inconnus aujourd'hui, se révélaient plus tard, plus tard on retrouvera à la même place les Pyrénées et leurs bassins naturels ; sur les lieux mêmes où les eaux ne naissent que pour se perdre, Dieu ne nous aura pas inutilement fourni le moyen si facile de les conserver.

Dans tous les cas, Toulouse n'aurait aucunement à se plaindre de l'irrigation. Ses 60 mètres, toujours respectés, continueraient à suivre leur vieux et ordinaire chemin, sans dévier dans nos canaux.

Ici se présente une réflexion très-naturelle : il ne suffit pas, pour alimenter le canal Saint-Martory, qu'il y ait de l'eau à Toulouse ; il faut qu'il y en ait, avant tout, à Saint-Martory.

Parvenue à ce point de son parcours, la Garonne possède ses propres eaux et celles de la Neste , « la » Neste étant considérée comme fournissant un vo- » lume d'eau égal à celui de la Garonne à leur con- » fluent » (Montet, *Mém.*, p. 7), nous n'avons besoin de connaître que le volume des eaux de la Neste ; nous doublerons ce volume, et nous aurons ainsi celui de la Garonne.

« La Neste a des eaux basses, moyennes et fortes.

» La durée des basses eaux est, pour une année,

» de. . . . . 105 jours ⎞

» Celle des eaux moyennes , de. . . 115   ⎬ 365

» Celle des eaux fortes, de. 145   ⎠

» Avec les eaux fortes , le débit de la Neste s'é-

» lève à. . . . . 50 ou 60^m

» Pendant les eaux moyennes il est de. . 20 à 50

» Avec les eaux basses, il diminue jusqu'à 14

» Peut-être même descend-il jusqu'à 12 mètres ;

» dans tous les cas, 10 mètres par seconde peuvent

» être pris comme une limite, à laquelle le volume

» de la Neste n'arrive jamais » (Montet, *Mém.*, p. 7, 11). M. Montet n'admet pas que la Neste puisse descendre à 10 mètres, et par conséquent que la Garonne descende jamais à 20 mètres à Saint-Martory. C'est pour lui le chiffre le plus bas, le chiffre impossible, celui qu'on doit nier en toute assurance. — Nous n'imiterons pas M. Montet ; au lieu de nier ce chiffre, nous l'accepterons. Il en résulte que la Garonne porte, au moins, 20 mètres d'eau à Saint-Martory, aux époques des étiages les plus extraordinaires, à ces époques où les besoins de Toulouse ne permettront à l'irrigation de disposer que de 5 ou 6 mètres par seconde ; mais, dans les temps ordinaires, pendant dix-neuf ans sur vingt, par exemple, la Garonne, à Saint-Martory, roule, dans le mois d'août, au moins 30 à 35 mètres cubes d'eau par seconde (1). Ainsi, nous pourrons toujours prendre à Saint-Martory les excédants dont Toulouse nous permettra de disposer.

Il y a de l'eau dans la Garonne ! il y en a pour tout le monde ; personne n'a intérêt à l'accaparer à son profit et au détriment du pays. Il y en a à Toulouse et à Saint-Martory (2). L'alimentation de nos canaux est assurée même pour cette époque où les irrigations auront acquis leur entier développe-

---

« (1) Dans les *derniers* jours du mois d'août 1839, dans un moment où
» la Neste nous était présentée comme *très-maigre*, nous fîmes 5 jaugea-
» ges à Sarrancolin ; les 5 résultats ne présentèrent entre eux qu'une très-
» légère différence ; la réduite des 5 opérations nous donna un produit de
» 14 mètres 40 cubes par seconde » (Montet, *Mém.* p. 6). La Garonne débitait dans ce moment 28 mètres 80 à Saint-Martory, en supposant que le Ger ne donnât pas une goutte d'eau, et *c'était aux derniers jours d'août.* D'après les jaugeages de M. Maitrot de Varennes, le débit ordinaire de la Garonne à Saint-Martory, pendant le mois d'août, varie de 30 à 50 mètres cubes par seconde (M. de V., p. 146).

(2) Voir la note G.

ment. Nous venons d'établir cette proposition , non par des raisonnements , mais par des chiffrés ; non par nous-même , mais par l'autorité des ingénieurs qui ont étudié avec le plus de soin nos irrigations et le régime de notre fleuve.

Cette tâche que nous nous étions proposée , est remplie. Nous ne nous arrêterons pas cependant. L'avis de la commission de 1838 sur les quantités d'eau nécessaires à l'arrosage , nous conduit , d'une manière incidente, à scruter de nouveau un détail très-important de la question générale des canaux. Les intéressés à la *Variante* ne nous pardonneraient pas de passer ce détail sous silence ; le silence est si souvent la cause de l'erreur ! il s'agit de l'étendue comparée des trois différentes zones.

Déjà, dans notre Lettre de juillet dernier, à M. le Ministre , nous avons prouvé que la commission départementale n'avait pas apporté toute l'exactitude désirable aux calculs relatifs à la surface de ces zones. En évaluant à 25,000 hectares seulement la superficie de la zone supérieure , elle n'a pas tenu compte de deux faits qui ne manquent pas de valeur. Le premier est celui-ci : *La Variante suivra un tracé plus élevé que le tracé indiqué sur les plans de M. de Raynal.* M. l'ingénieur en chef donna lui-même cette assurance dans une assemblée publique, réunie à la sous-préfecture de Muret. Elle a été répétée depuis aux communes intéressées et aux souscripteurs ; elle est devenue une condition formellement stipulée de certains engagements à l'arrosage. Cet élargissement de la zone ne peut avoir lieu, sans grossir le nombre

de 25,000 hectares. Comment la commission départementale l'a-t-elle ignoré? — Comment a-t-elle ignoré
aussi ce second fait : que la *Variante* arrosera plusieurs vallées sur sa rive gauche , notamment la
moitié de la commune de Montégut, et une bonne
partie du territoire de Daux et de Mondonville ? —
En réalité , la zone supérieure comprend 30 ou
32,000 hectares. A quelque calcul que l'on se livre
il est impossible de faire descendre ce chiffre au-
dessous de 26,000 , puisque les trois communes de
Montégut , Daux et Mondonville ajoutent , seules,
un supplément de plus de 1,000 hectares à la région arrosable du canal supérieur.

Nous n'insistons point , la question nous paraît
particulièrement intéressante , envisagée sous sa seconde face.

La commission de 1838 , que nous avons déjà ci-
tée (p. 14) « admettait, en nombres ronds, que
» 12,000 hectares devaient être arrosés, dans la plaine
» de Muret....., après avoir défalqué les vignes , les
» propriétés bâties..... » Le cadastre indiquant à peu
près 3,000 hectares de vignes dans cette plaine, les
propriétés bâties et les chemins occupant aussi une
certaine superficie, il s'ensuit que, d'après la commission de 1838, la zone de Muret présente une con-
tenance de 15,000 hectares au moins.

Et la commission départementale, sans faire aucune
défalcation, remarquez-le bien, et comprenant , dans
son calcul, les vignes, les propriétés bâties , les chemins, nous dit : « La ligne qui doit arriver à Muret,

» a une surface arrosable de 9,500 hectares » (*Rapport*, p. 19).

Comment de 1858 à 1861, la zone de Muret a-t-elle pu diminuer de 5,500 hectares ? est-ce qu'il entrerait, par hasard, dans les habitudes des hectares de ce pays-là, de changer de place au risque de s'égarer ? et serions-nous aujourd'hui réduits au cruel embarras d'avoir à rechercher 5,500 hectares, qui ne se retrouveraient plus ?

Ce n'est pas tout ; dans son mémoire explicatif, p. 8, M. de Raynal nous assure que « la première par-» tie du projet, de Saint-Martory à Muret, y compris » la prise d'eau, a 50,585 mètres de longueur, et » coûte 1,800,000 francs. »

Et la commission déclare quelques jours après (p. 19), *que la ligne qui doit arriver à Muret* (c'est bien la même) n'a plus que 52,585 mètres. Par quel accident cette ligne s'est-elle si vite écourtée ? et d'où vient sa prodigieuse économie ? Des 1,800,000 francs de M. de Raynal, elle retombe à 900,000 francs, d'après la commission (*Rapport*, p. 19).

Ici le lecteur recevra une impression d'étonnement. — Continuons :

Le canal de Toulouse, ou « la seconde partie du » projet, du Fousseret à Toulouse, qui, d'après M. de » Raynal (p. 8) n'avait que 49,829 mètres de longueur, » et ne coûtait que 1,700,000 francs, » a pris tout à coup un développement inattendu, incroyable même, si la commission ne l'affirmait pas. La page 18 du Rapport nous révèle que « la portion du canal qui

» arrivé à Toulouse a un parcours de 68,000 mètres;
» sa construction coûte 2,600,000 fr. »

Tout cela n'est pas clair, et demande quelques explications. Comment le Rapport ne les donne-t-il pas ? Une seule chose est certaine; ce sont les nombreuses contradictions entre la commission départementale , la commission de 1838 et M. de Raynal.

La commission de 1838 et M. de Raynal, dégagés de toute préoccupation , ne faisaient pas eux-mêmes de divisions du projet; ils les acceptaient toutes faites par les rivières. Ils donnaient donc à la zone de Muret l'espace compris entre la Garonne et la Louge. Les surfaces arrosées par le canal de Toulouse leur paraissaient évidemment limitées par la Louge au sud et par le Touch au nord; quoi qu'on puisse dire, le canal de Toulouse ne commence qu'après la Louge franchie. — A ce compte il n'arrose que 20,000 à 22,000 hectares.

La commission départementale a vu les choses d'une autre manière; elle efface la description du projet, donnée par ses premiers auteurs , et répétée par M. de Raynal : « un canal de ceinture dominant la » plaine » et qui traverse la Louge au Fousseret, le Touch à Bérat, le Saudrune à Cambernard, l'Aussonnelle à Fontenilles , le Courbet à Léguevin, pour aboutir à Grenade. Cette description, qui n'est que la topographie de la rive gauche de la Garonne, réduit le canal de Toulouse à l'humble rôle d'une rigole secondaire. La commission départementale la repousse; elle repousse également la division en trois zones distinctes, indiquée par la commission de 1838 et formulée par M. de Raynal. Ces deux descriptions du projet ont été dictées à la commission de 1858 et à M. de Raynal par le rôle naturel des canaux, la configuration des lieux, la direction des ruisseaux et des rivières. Elles sont tellement géographiques qu'il est impossible de ne pas les voir, si on jette un coup d'œil sur la carte. Aucune des deux n'a trouvé grâce devant la commission départementale; toutes deux rétrécissent singulièrement la zone de Toulouse ; la commission départementale ne les mentionne pas.

Elle a préféré, sans exposer ses motifs, une division nouvelle :

1° Un tronc commun, une sorte de canal commun ; c'est la prise d'eau continuée jusqu'au Fousseret.

2° Le canal de Muret, partant de Lavelanet (?).

3° Le canal de Toulouse partant..... d'où ? de Saint-Martory, ou du Fousseret ?

4° La *Variante*.

A quoi sert le tronc commun ? quel est son usage déterminé ? Si c'est un tronc commun, n'appartient-il pas également à toutes les lignes ? — Si c'est un tronc commun, s'arrête-il au Fousseret, et ne se prolonge-t-il pas jusqu'à Grenade ? N'est-ce pas, en réalité, le commencement, le premier linéament du canal de ceinture, du canal principal, du canal nourricier, qui domine toute la plaine pour la desservir ? et si on veut l'attribuer à une des trois zones, ne doit-on pas l'attribuer à la *Variante* ? Oui, d'après MM. de Lasplanes, Sabattier, Marqué Victor, Montet.

Non, d'après la commission départementale.

Et pourquoi ? — Ah ! pourquoi ! la commission ne

l'a pas dit ! il valait cependant la peine de le dire. Ce tronc commun, savez-vous ce qu'on en fera ? On l'ajoutera au canal de Toulouse ; telle est la décision de la commission départementale.

Et moyennant cette soudure, cette espèce d'ajustage, le canal de Toulouse aura une longueur, non pas de 49 kilom. mais de 68 ; — une zone, non pas de 21,000 hectares, mais de 26,000 ; — une souscription, non pas de 5,500 hectares peut-être, mais de 4,260 ; — un compte de dépenses, non pas de 1,700,000 francs, mais de 2,600,000 francs.

Voilà !

Et ce qu'il y a de plus remarquable, c'est que la commission, après avoir adopté un tronc commun, après lui avoir emprunté toute son utilité pour la transporter au canal de Toulouse, cette commission croit encore devoir aller plus loin; elle veut dégager le canal de Toulouse des frais de ce tronc commun. Cependant si on le lui donne, n'est-ce pas le moins qu'il le paie? Voici les expressions du Rapport (p. 18): « Sur » les 2,600,000 francs que coûtera la construction (du » can. de Toul.), les 100,000 fr. de la digue et la dé- » pense à faire pour le tronc commun jusqu'au Fous- » seret, doivent être compris dans les frais généraux » de l'entreprise. » Mais puisque la dépense du tronc commun rentre très-justement dans les frais généraux, son utilité doit rentrer aussi dans les avantages géné- raux. Dès lors, pour être exact, il ne faut attribuer au canal de Toulouse, ni la longueur, ni la souscription, ni la surface arrosable du tronc commun; ou du moins est-il nécessaire de s'expliquer.

Sans doute la commission aurait pu très-facilement expliquer sa division du projet. Il est certain que si l'on établit un seul canal de Saint-Martory à Toulouse, il arrosera 26,000 hectares, peut-être même davantage. Le fait accompli donnera une réalité, une sorte de vérité à des appréciations jusqu'alors hypothétiques.

Mais était-il permis à la commission de se placer au point de vue du fait accompli? Elle n'était pas chargée de constater des faits qui n'existaient pas, qui n'existent pas encore ; elle les préparait. Dès lors elle devait limiter les zones, comme elles se limitent naturellement ; elle en aurait mieux et plus équitablement déterminé l'importance relative.

Et voyez! — Si au lieu de supposer le canal de Toulouse seul exécuté, elle avait supposé, au contraire, la construction de la *Variante* seule ; en d'autres termes, si elle s'était placée, pour apprécier la *Variante*, au point de vue qu'elle a choisi pour apprécier le canal de Toulouse, à quelle conséquence se trouvait-elle forcément conduite? — Attribuant le tronc commun à la *Variante*, elle agrandissait la zone supérieure de 10,000 hectares. Dès lors cette *Variante* arrosait une superficie de 40,000 hectares, car avec le tronc commun, elle fournissait l'eau aux parties supérieures des zones de Muret et de Toulouse. La commission lui attribuait sa fonction naturelle de canal principal et nourricier de l'irrigation, et en faisant cela, elle se donnait le mérite de se trouver d'accord avec les premiers auteurs du projet.

La commission ne paraît pas avoir attaché un grand prix à cet accord. Les auteurs du projet n'avaient pas songé à couper le tronc commun au Fousseret; elle y a songé pour eux, et le canal de Toulouse gagne ainsi un appoint considérable. Le rapport le constate énergiquement :

« La commission estime qu'il y a lieu d'adopter la
» proposition faite par M. l'ingénieur en chef de don-
» ner la préférence à la portion qui se dirigera sur
» Toulouse; son point d'arrivée, *sa longueur, les di-*
» *mensions de la plaine qu'elle* traversera en déversant
» l'eau sur ses deux rives, *l'étendue* de la surface ar-
» rosable, *tout* doit la faire considérer comme la ligne
» *magistrale* du canal. Son parcours est de 68,000
» *mètres ; elle peut arroser* 26,000 *hectares, c'est-à-dire*
» *près des trois cinquièmes de la totalité des terrains ir-*
» *rigables* par les lignes primitives; et les souscrip-
» tions portent sur 4,200. »

A Paris, La commission du Conseil des ponts et chaussées n'a admis les calculs de la commission départementale, qu'après les avoir refaits avec la plus grande clarté; elle a aussi admis ses conclusions, mais sans indiquer les mêmes motifs.

Tous ces rapports étaient écrits depuis longtemps lorsque nous nous sommes fait l'honneur d'adresser à M. le Ministre notre Lettre de juillet dernier. Fallait-il donc garder un silence absolu, et ne s'en allait-il pas temps de dire enfin et de prouver que si l'on écarte la navigation, le canal de ceinture est la seule ligne *principale* du canal Saint-Martory;—*prin-cipale* par ses fonctions, par sa situation, par sa lon gueur, par la forme et l'étendue de ses surfaces arrosables, par la nature des terrains qu'elle traverse, par les bénéfices qu'elle procure, et aussi par notre souscription (1).

En tenant ce langage, nous ne combattions pas la ligne de Toulouse. Son titre à elle ne se cherche point dans le même ordre de considérations. — Comme canal de navigation elle était une nécessité ; comme canal d'irrigation, *rien* ne la recommande. Son seul titre c'est la loi de 1846. M. le Ministre le rappelle dans sa lettre à M. le Préfet de la Haute-Garonne (2). Est-ce que nous avons attaqué la loi de 1846? — Avons-nous dit, par hasard, qu'il ne serait pas juste d'accomplir scrupuleusement toutes les promesses de cette époque?

Non ; nous n'avons attaqué, le premier, aucun intérêt en défendant nos intérêts, aucun titre en présentant notre titre ; car nous avons un titre aussi et une date, — 1861 !

En 1861, l'administration, au nom du gouvernement, fit un appel au peuple de nos campagnes ; le peuple répondit. Ce fut l'acte dé naissance de la *Variante !* il porte le double sceau de l'initiative impériale et de l'adhésion populaire ; il ne sera pas déchiré. La *Variante* vivra !

C'est la pensée, le désir, le ferme espoir de nous tous, paysans et propriétaires du haut plateau.

Et voilà pourquoi nos écrits, depuis 1861, ont été

(1) Voir la note H.
(2) Voir la note I.

le commentaire d'une seule parole, bien souvent répétée autour de nous, parole d'inaltérable confiance, expression naïve d'une foi profonde.

Que de fois ne l'avons-nous pas entendue, — le dimanche, à la porte de l'église, — le jour du marché, au champ de foire, — que de fois, au milieu de cette campagne ingrate, où les paysans, pour un faible salaire, répandent généreusement leurs sueurs, et se consolent des peines du jour par les promesses de l'avenir : Oui, l'Empereur fera notre canal!

Oui, espérons encore! l'Empereur se tournera vers nous; il s'arrachera un moment aux vastes préoccupations dont l'univers l'assiége. Cet œil investigateur fouillera le projet de nos irrigations; ce cœur, si facilement ému par la voix du peuple, frémira au grand cri de notre souscription; cette main, à qui rien ne résiste, se mettra à l'œuvre. Ce sera le jour d'une grande joie! nos espérances seront comblées. — Gardons-nous d'oublier alors que les bienfaits nous lient!

NOTES.

___

Note A. — LE COMPTE DE CHAQUE CANAL.

Pour les *dépenses principales*, voir le Rapport au Conseil général de M. le colonel Gleyses, p. 44 des procès-verbaux de 1862 « ..... Une première » estimation élevait la dépense de construction de la *Variante* à 7 millions, » ce qui pouvait faire craindre qu'on ne l'abandonnât, *malgré ses grands* » *avantages.* Mais après de nouvelles études, faites sur le terrain et dans » le cabinet, M. l'ingénieur en chef a reconnu que ce chiffre pourrait se » réduire à 4,700,000 francs : *il faut se féliciter de ce résultat qui permet* » *d'accomplir une des plus belles et des plus grandes entreprises de nos* » *jours.....* Si l'on ne tient compte que de la souscription, la dépense » du canal principal est pour un hectare : — de Bois-de-la-Pierre » à Grenade, par Léguevin (*Variante*), 580 fr.; — de Saint-Martory, y » compris la rive droite, jusqu'au Garagnon (canal de Toulouse), 640 fr.; — » du Garagnon à Muret (canal de Muret), 740 fr. »

Pour les *dépenses secondaires*, voir la circulaire du 25 janvier 1862, signée par MM. de Perpessac, membre du Corps législatif, A. Gleises, colonel du génie, baron de Papus, de Suarez, Dupau, Bezy : « M. l'ingé-» nieur en chef, dans la nouvelle étude des canaux secondaires, les évalue, » pour la ligne de Toulouse, à 1,500,000 fr.; — pour celle de Muret, à » 750,000 fr.; — pour la *Variante*, à 1,530,000 fr. »

Rapprochez de ces chiffres les hectares souscrits, au nombre de 8,072 dans la *Variante*, de 4,260 dans la zone de Toulouse, de 1,245 dans celle de Muret, et vous trouverez, *en dépenses secondaires*, 190 fr. pour la *Variante*, 352 fr. pour Toulouse, 647 fr. pour Muret.

Les dépenses principales et secondaires réunies produisent ce résultat : l'arrosage d'un hectare actuellement souscrit coûte à l'Etat et à l'entrepreneur dans la zone de la *Variante* 770 fr., dans celle de Toulouse 962 fr., dans celle de Muret 1,357 fr.

Dans le cas où le canal de ceinture, de Saint-Martory à Grenade, serait seul exécuté, la dépense par hectare souscrit s'élèverait pour l'Etat à 625 fr., et pour le concessionnaire à 219 fr.; — total 844 fr. — C'est encore 118 fr. de moins que dans la zone de Toulouse.

Nous établissons ces derniers chiffres sur les données fournies par M. l'ingénieur en chef. Le canal de ceinture coûterait à l'Etat :

1° Pour la prise d'eau. . . . . 100,000 fr.

2° de Saint-Martory au Fousseret, — pour une longueur de 22 kil., à 36,664 fr. l'un. 800,608

3° Du Fousseret à Bois-de-la-Pierre, — pour une longueur de 9 kil. 327,276

4° De Bois-de-la-Pierre à Grenade. 4,700,000

$$\text{TOTAL. . . . . 5,927,884 fr.}$$

Soit 6 millions en nombre rond.

Il arroserait dans la partie supérieure de la plaine de Muret. . . . . 770 hect.

Id. de Toulouse. 800

Id. sur la rive gauche du Touch. 8,072

$$\text{TOTAL. . . . . 9,642 hect. sousc.}$$

L'hectare souscrit coûterait donc à l'Etat 625 fr.

La zone arrosable de ce canal, sur la rive gauche du Touch, coûterait au concessionnaire. . . . . 1,530,000 fr.

Son réseau de distribution dans les parties supérieures des plaines de Toulouse et de Muret (à 58 fr. par hectare arrosable, chiffre fixé par M. de Raynal pour la zone de Toulouse). 580,000

$$\text{TOTAL. . . . . 2,110,000 fr.}$$

L'hectare souscrit coûterait au concessionnaire 219 fr.

A l'Etat. 625

$$\text{TOTAL. . . . . 844 fr.}$$

Note B. — L'AVIS DE M. DE DOMBASLE.

Nous reproduisons ici l'opinion de M. de Dombasle, déjà cité dans notre Lettre à M. le Ministre : « Lorsqu'on a la possibilité, près d'un grand cours
» d'eau, d'arroser une grande étendue de terrain, dans lequel il se ren-
» contre des sols de diverse nature, la première question est de savoir
» par où l'on commencera l'irrigation. Je suppose qu'il ne s'agit ici que
» de prairies; il est assez naturel, dans ce cas, pour un homme qui n'a
» pas beaucoup d'expérience, de vouloir procurer le bénéfice de l'irri-
» gation aux terrains qu'il affectionne le plus, par exemple, à des prai-
» ries plates et de bonne qualité, situées dans le voisinage des cours
» d'eau; mais dans beaucoup de circonstances, agir ainsi serait une lourde

» faute. Tel terrain graveleux ou sablonneux, aride par sa nature et d'un
» produit presque nul, pourra, parfois, au moyen de l'irrigation, être
» porté à un produit presque égal à celui des meilleurs près arrosés »
(*Calendrier du bon cultiv.*, 10e édit., p. 530). « L'irrigation est surtout avan-
» tageuse aux terrains élevés..... Une position élevée tire plus de profit
» et a plus besoin de l'irrigation qu'une situation basse » (L. Moll, prof.
à Roville, *Maison rust. au XIXe siècle*).

Note C. — MM. MONTET ET MAITROT DE VARENNES.

« C'est *un* des grands avantages du tracé par les plateaux sur le tracé
» par les plaines basses, que de présenter, pour y asseoir le canal, un
» terrain imperméable ; tandis que sur les parties inférieures de la val-
» lée, le sable mêlé aux cailloux, dont le sol est formé, n'aurait pu être
» que difficilement rendu étanche » (*Mémoire* de M. Montet, p. 107)
M. Maitrot de Varennes (p. 161 de son ouvrage sur les irrigations de la
Haute-Garonne) indique, pour l'arrosage ordinaire, une nappe d'eau de
7 centimètres de hauteur. Dans la zone du plateau supérieur la couche
perméable des terrains n'étant que de 40 à 50 centimètres de profondeur,
il pense qu'une nappe d'eau de 4 à 5 centimètres serait suffisante. Il est
vrai qu'il émet un doute sur la question de savoir si cet arrosage n'aurait pas besoin d'être renouvelé un peu plus souvent.

Les pentes des terrains produiraient surtout une grande économie d'eau
dans la *Variante*; voir la note suivante.

Note D. — LES PENTES.

Plus l'on se rapproche du fleuve, et plus les pentes diminuent; elles
deviennent presque insensibles lorsque l'on tombe dans la vallée inférieure.
Le cours de la Garonne marque le point le plus bas de cette vallée ; la
rigole de Muret n'en est éloignée moyennement que de 4 kilomètres, celle
de Toulouse, de 7 ; le canal de ceinture de Saint-Martory à Grenade coule,
en moyenne, à 12 kilomètres de la Garonne. Il suit de là que le canal
de ceinture arrose les terrains les plus élevés, les plus secs, et naturellement les plus accidentés, trois conditions admirables pour l'irrigation.
Si l'ensemble des pentes, dans la zone de Toulouse, peut être représenté
comme 1, cet ensemble, dans la région arrosable par le canal de ceinture, devra être représenté au moins comme 4 ou 5. Or cela seul constitue
un avantage immense et décisif, au point de vue agricole. On en jugera
par les citations suivantes :

« Les pentes sont ordinairement nécessaires pour une bonne pratique

» des arrosages (Nad. de Buffon, cité dans le *Monit. de la propriété*, 9^e
» année, p. 81).

» La méthode généralement suivie est de n'arroser que sur des terrains
» en pente (id., t. 2, p. 60).

» Plus la surface d'un pré est unie et plus il a de pente, plus aussi
» l'irrigation est facile et plus elle produit d'effet (*Moniteur de la pro-*
» *priété*, 8e année, p. 145). Une petite quantité d'eau produit sur une
» pente rapide dix fois plus d'effet qu'elle n'en produit sur un terrain
» qui se rapproche de la disposition horizontale. Une grande quantité
» d'eau est nécessaire pour arroser le sol peu incliné des vallées.....
» (*Maison rust.*, 2e p., 2e s., t. 5, p. 258, Villeroy) Il paraît que, sur
» les prés en pente, les rigoles disposées d'étage en étage, qui reçoivent
» les eaux et les rassemblent pour les verser sur l'étage inférieur, ser-
» vent à prolonger leur action fécondante. Il est remarquable que, dans
» une prairie arrosée de bonnes eaux, les parties où elles ne font que
» passer en nappe mince, donnent plus et de meilleur foin que celles
» où, réunies en trop grande masse, elles couvrent le gazon d'une nappe
» épaisse (Puvis, *Journal d'agric.*, dir. par M. de Barral, an. 1850, p.
» 309). L'eau nourrit les plantes ; l'eau de source, la plus limpide en
» apparence, contient aussi des principes fertilisants, et le mouvement
» est nécessaire, pour qu'elle s'en dépouille, et qu'ils profitent à l'herbe ;
» ce qui prouve ce fait, c'est que l'action fertilisante de l'eau est beau-
» coup plus sensible sur un pré qui a une forte pente, que sur un autre
» qui a en peu..... (Villeroy, *Maison rust.*, 2e série, t. 4, p. 552). »

Note E. — LA ZONE DE TOULOUSE.

Les optimistes nous disent : Vous devriez vous réjouir de voir l'irrigation commencer par la zone de Toulouse ; elle y produira de si beaux
résultats que l'on s'empressera d'en étendre le bienfait à toute la rive gauche. Surtout, attendez ce bonheur dans le silence le plus absolu ; c'est
essentiel ! est-ce que votre tour ne viendra pas bien assez tôt ? — Les
différentes zones sont des sœurs que l'on veut également bien partager ;
gardez-vous de les représenter comme des rivales, vous risqueriez de
compromettre l'intérêt départemental, l'intérêt général ! — Vous voulez le
succès complet de l'entreprise ; eh bien ! qu'elle commence sur un point
ou sur un autre, peu importe ; commencer, vous l'avez dit vous-même,
c'est tout ! c'est être sûr de finir.

Hélas ! puis-je répondre avec sincérité : je voudrais bien partager ces
illusions, et j'y fais inutilement les plus louables efforts. Je fouille les
documents officiels, je lis et je relis le rapport de la commission du Conseil des ponts et chaussées, la Lettre de M. le Ministre à M. le Préfet de

la Haute-Garonne, la décision conditionnelle du mois de mai dernier ; j'y cherche un mot, un seul mot, un petit mot qui serve de base aux espérances dont on me parle, et je ne sais pas le trouver. Les zones sont des sœurs, je le veux bien ; mais la légitimité de la *Variante* et de la rigole de Muret ne me paraît pas encore reconnue. Optimistes ! puisque notre cause n'est pas assez instruite pour ceux qui doivent la juger, permettez-nous de la plaider ; ne nous imposez pas l'obligation de nous ensevelir dans l'oubli, et ne nous faites pas un devoir du silence qui serait pour nous un suicide.

Mais nos craintes sont puériles, dites-vous, puisque nous devrions regarder le succès de la zone de Toulouse, comme la plus sûre, comme l'infaillible garantie de l'extension de l'arrosage.

Et c'est précisément cette garantie qui nous alarme. Si l'irrigation ne réussit pas dans la zone de Toulouse, après avoir coûté trois millions à l'Etat et deux millions peut-être à l'entrepreneur, croyez-vous que nous soyons écoutés avec faveur, lorsque nous reparlerons de notre canal ? Nous sommes alors définitivement perdus.

Or, pour que l'irrigation réussisse, il ne suffit pas que l'eau produise quelques bons effets chez dix, vingt, cinquante propriétaires qui désirent la recevoir. L'eau du canal latéral a produit ces effets chez M. Duffourc, et cependant l'irrigation de ce canal a complétement échoué ; lorsqu'il pourrait arroser 10,000 hectares, il n'en arrose pas 200. Le canal de Toulouse est il certain de réussir ? Le succès de l'irrigation, c'est une zone qui demande l'eau avec ardeur, qui la reçoit immédiatement sur des surfaces considérables, et qui, en peu d'années, se transforme tout entière par l'effort d'une activité fébrile. Un semblable succès provoquerait nécessairement la création de tous les canaux de la rive gauche, et même des canaux de l'Ariége ; il paraît certain dans la *Variante*, on ne peut l'espérer pour le canal de Toulouse. « Il est remarquable, dit » M. Maitrot de Varennes, en parlant de ce dernier canal, que le champ » proposé, dès le principe, pour appliquer la nouvelle puissance agri- » cole de l'irrigation, ait été choisi de manière à présenter le plus de » difficultés » (p. 150).

Ces difficultés tiennent à plusieurs causes.

1o Les vignes ont envahi la zone de Toulouse, et gagnent tous les jours du terrain.

2o Les dispositions des populations ne sont guère favorables à l'arrosage ; la souscription le prouve assez.

3o Sur bien des points, il est très-difficile d'évacuer les eaux, et on les y redoute plus qu'on ne les désire.

4o Il y a peu de pentes ; les résultats obtenus en seront moins beaux (voir la note D sur l'avantage de la pente).

5° Il y a peu de pentes ; donc le propriétaire se trouvera dans la nécessité de disposer à grands frais, avec beaucoup de travail et de dépenses, des champs qui, sur le plateau supérieur, sont déjà naturellement préparés à recevoir les eaux. « Chez M. Duffoure, *comme la pente est fai-* » *ble*, chaque carré de 10 ares donne lieu à une dépense de 20 fr., soit » 200 fr. par hectare » (Maît. de Var., p. 390).

6° Enfin les bons effets de l'irrigation ne sont pas assurés sur tous les points de la zone de Toulouse. « Il y a certains sols (nous dit M. Isidore » Pierre, dans la *Chimie agricole*, p. 143) qu'il faut éviter d'inonder, à » moins d'avoir à sa disposition des eaux très-riches ; ce sont ceux dont » la couche de terre végétale repose sur un lit de cailloux roulés, re- » posant lui-même sur un terrain perméable ; il pourrait arriver qu'une » portion notable des matières solubles, alimentaires, organiques et inor- » ganiques, fussent entraînées à un niveau assez bas pour que l'attraction » capillaire devînt impuissante à les faire remonter ; il faudra donc ici » mettre peu d'eau à la fois. »

Cet inconvénient nous paraît confirmé par l'observation suivante de M. de Barral, si l'on admet qu'il y a une très grande analogie entre les champs dont nous parlons et les terrains drainés. Le lit de cailloux sur lequel repose le sol, qu'est-ce autre chose qu'un drainage naturel? — « L'idée vint à M. de Barral de chercher si les eaux qui s'écoulent des » drains, ne contiendrait pas de l'acide azotique ; quelle ne fut par sa » surprise de l'y trouver en quantité douze fois plus grande que dans les » eaux d'orage, qui en étaient le plus chargées. Ainsi, outre cet acide » amené par les pluies, il s'en formait encore dans le sol, au dépens » de ses matières organiques..... Le drainage causerait donc un véritable » appauvrissement du sol ; faudrait-il pour cela renoncer à une opération » qui a produit des effets si salutaires? Evidemment non. Sur tous les » terrains humides et d'un faible rapport, cette ammoniaque, cet acide » azotique que vous regrettez, vous en devez la formation au drainage » lui-même, qui permet la circulation de l'air dans les terrains, et qui » en élève la température..... » (Compte-rendu du *Manuel de drain.* de M. Barral, par M. le comte de Gasparin, publié en 1854). Ainsi le drainage artificiel répare, en partie du moins, le préjudice qu'il cause ; en serait-il de même du drainage naturel dans certains champs de la zone de Toulouse? Celui-ci ne permettant pas au même degré la circulation souterraine de l'air et l'élévation de la température du sol, ne favoriserait point, comme l'autre, la formation de l'acide azotique, et le laisserait cependant se perdre avec la même facilité.

Il y a, direz-vous, à ce mal un remède bien simple : on arrosera ces champs avec une très-petite quantité d'eau, comme le conseille M. Isidore Pierre. Mais vous ne songez pas que ce palliatif est impossible dans la

pratique, lorsqu'on n'a pas assez de pente. « Si l'on arrose par nappes
» d'eau qui doivent couvrir toute la surface, on conçoit qu'elle se ré-
» pandra d'autant plus vite, que le terrain aura plus de pente ; car si
» ce terrain était plat, et que l'eau eût peu d'impulsion, elle s'infiltre-
» rait dans le sol en avançant..... Sur un terrain sec, presque plat, peu
» filtrant, divisé par bourrelets, à 20 mètres de distance l'un de l'autre,
» un bon arrosage exige que l'on répande sur le sol une lame d'eau de
» 0,085 et par conséquent 850 mètres cubes par hectare » (*Cours d'agric.*
de M. de Gasparin, t. 6, p. 438).

Toutes ces raisons, dont les unes s'appliquent à l'ensemble et les autres
à certains points de la zone de Toulouse, y rendent le succès de l'irrigation très-problématique, et font redouter un échec qui serait un irréparable malheur. Bien commencer, comme je l'ai dit, c'est être sûr de
bien finir ; commencer sur le point difficile, s'est s'exposer a finir trop tôt.
Voulez-vous réussir ? donnez l'eau tout d'abord à ceux qui la désirent le
plus, qui peuvent, à cause de leur situation, l'employer immédiatement
presque sans dépenses, qui en ont le plus de besoin, et qui doivent en
retirer le plus de fruit ; donnez-la aux propriétaires de la *Variante* ; n'ou-
bliez pas leur souscription, elle est pleine d'enseignements !

Note F. — LE CONCESSIONNAIRE.

L'entrepreneur qui dirait à M le Ministre : « Je ne sais pas encore ce
» que produiront les rigoles de distribution de l'eau ; mais comme je m'en
» doute un peu, je m'appuie sur l'article 7 des engagements à l'arrosage,
» pour prévenir Votre Excellence que je me réserve le droit de ne pas
» faire ces rigoles, avant d'avoir étudié le revenu, et d'avoir apprécié com-
» bien ce revenu est rémunérateur. En attendant que je fasse mes calculs,
» accordez-moi le canal principal ; j'en jouirai sans bourse délier ; les ri-
» goles viendront plus tard. A quelle époque ? Je n'en sais rien encore
» vraiment. » Cet entrepreneur serait-il considéré, en nous servant des
expressions de M. le Ministre, comme *prenant l'engagement ferme et ga-
ranti d'exécuter les canaux de distribution de l'eau ?* La commission du
Conseil général des ponts et chaussées n'a-t-elle pas dit dans son rapport :
le concessionnaire est obligé de faire immédiatement ses canaux ? Et si le
concessionnaire renvoie son travail et ses dépenses à une époque indéter-
minée, M. le Ministre sera-t-il satisfait de l'interprétation donnée à sa décision du 23 mai, au moyen de l'art. 7 ?

Ce concessionnaire ne craindrait-il pas de dénoncer lui-même, comme
probablement improductive, la ligne dont il solliciterait la concession, en
termes si défiants et si peu obligatoires ?

Et d'un autre côté, s'il plaçait ses actions parmi les propriétaires de la

zone qu'arrose son canal, comment s'entendrait-il avec ses actionnaires,
lorsque ceux-ci ne se verraient satisfaits, ni également, ni en même temps?

Note G. — LES RESSOURCES CACHÉES.

Au dire de certaines personnes, qui ont étudié avec soin les faits relatifs
aux irrigations, il ne faudrait pas craindre, si l'on prend, a Saint-Martory,
une quantité d'eau déterminée, que le débit de la Garonne soit diminué, à
Toulouse, dans une proportion égale. L'on dérivera, par exemple, 20 ou
25 mètres cubes d'eau à Saint-Martory, et tout le monde s'imagine de
suite que la Garonne roulera 20 ou 25 mètres cubes de moins à Toulouse.
Cette opinion très-naturelle fait sourire certains ingénieurs. Ils lui opposent
une vérité qui ressemble, je l'avoue, à un paradoxe incroyable. Il serait
possible, il est même très-probable, disent-ils, que les 20 ou 25 mètres,
dérivés à Saint-Martory, ne produiraient à Toulouse qu'une diminution
beaucoup moins considérable. Ce fait a été observé, dit-on, pour certaines
rivières de Provence; il s'explique ainsi : la plupart des rivières sont en
secrète communication avec d'immenses bassins remplis de graviers et de
sables, qui absorbent, comme l'éponge, des quantités d'eau indéterminées.
Lorsque la rivière est élevée, ces bassins s'engorgent; elle les remplit. A
mesure que la rivière baisse, ils se dégorgent dans son lit, et lui rendent,
lorsqu'elle est pauvre, une part des richesses qu'elle leur avait confiées.
Ainsi, selon que le niveau d'un fleuve monte ou descend, ces bassins
remplissent alternativement des fonctions contraires; après avoir été des
réservoirs, ils deviennent des sources.

De Saint-Martory à Toulouse, la Garonne a une longueur de 70 à 80 kilomètres. Si vous la supposez traversant 4 ou 500 kilomètres carrés de
bassins semblables à la prairie des Filtres, que faites-vous, en prenant
20 ou 25 mètres cubes d'eau à Saint-Martory? Vous abaissez le niveau du
fleuve sur un point supérieur, et vous rendez possible le suintement des
bassins dans son lit, suintement qui n'aurait pas eu lieu sans la dérivation. La Garonne, ayant perdu 20 mètres cubes, se trouve placée dans des
conditions qui lui permettent d'en recevoir 7 ou 8, peut-être davantage,
sur son parcours, et n'arrive à Toulouse, diminuée que de 12 ou 13 mètres
cubes. Elle semblerait donner un démenti aux règles de l'arithmétique,
si la première de toutes les règles n'était pas qu'il faut tenir compte de
tous les nombres, non-seulement des nombres apparents, mais aussi des
nombres cachés.

Pendant les très-basses eaux, il a été fait plusieurs jaugeages sur divers
points de notre fleuve, en amont de l'Ariége. Au-dessous de la Rize, la
Garonne donnait une certaine quantité n'eau; plus bas et au-dessous de la
Louge, elle en donnait davantage. Cet excédant n'étant produit ni par la

Louge, ni par les autres petits affluents entièrement desséchés, comment l'expliquer sans avoir recours aux bassins dont nous parlons?

Si tout cela est vrai, prendre de l'eau à Saint-Martory, ce serait diminuer très-peu la Garonne à Toulouse ; ce serait utiliser l'eau qui dort, perdue dans les bancs de sable souterrains.

Nous exposons ces idées sous forme de conjectures intéressantes, propres à rassurer les usiniers, et à prouver, qu'en matière d'hydraulique et d'irrigation, il ne faut pas toujours accepter sans contrôle les opinions vulgaires ; du reste, nous ne nous en servons pas dans notre argumentation. Nous n'acceptons pour base que les faits certains, et nous écartons ces appréciations, quelque fondées, quelque ingénieuses qu'elles nous paraissent.

Note H. — LE CANAL DE CEINTURE.

D'après les détails que nous donnons, on voit combien l'obscurité des termes équivoques favorise la confusion des idées. Chacun a donné pour le canal Saint-Martory sa définition particulière, et quelques-unes de ces définitions, très-justes pour un canal de navigation, sont fausses et erronées, lorsqu'elles s'appliquent à un système d'irrigation.

Une seule définition de notre projet est exacte ; c'est celle qu'adopte M. l'inspecteur général Montet : « Le système de canaux d'irrigation, nous » dit-il, se compose :

» 1º D'une rigole nourricière principale, qui part de Saint-Martory, et va » se jeter dans la Garonne à Grenade.

» 2º De trois rigoles secondaires, dérivées de la première » (*Mém.*, p. 107).

Pour obtenir une clarté parfaite, il suffit de substituer à ces expressions : *rigole principale et nourricière*, le nom de canal de ceinture.

Jetons les yeux sur le plan de l'irrigation : que voyons-nous ? — Un seul canal, et plusieurs rigoles plus ou moins importantes. La distinction entre le canal et les rigoles est si tranchée, si claire, si précise, qu'il est impossible même à des yeux à demi bandés de ne pas la remarquer.

Le canal de ceinture et les rigoles n'ont — ni la même direction, — ni les mêmes fonctions, — ni la même portée.

Le canal coule de Saint-Martory à Grenade, du sud au nord. — Les rigoles vont de l'ouest à l'est.

Les rigoles serpentent entre les rivières et les ruisseaux qui déterminent leur tracé et limitent leur zone. — Le canal coupe et franchit les ruisseaux et les rivières, leur lit ne limite point sa zone ; elle ne trouve de limites que dans la ligne infranchissable des coteaux supérieurs.

Le canal puise ses eaux directement dans la Garonne ; il les verse dans les rigoles. Il est le tronc irrigateur ; les rigoles sont des branches.

Lorsque je dis que le canal de ceinture arrose 40,000 hectares, c'est une erreur ; il arrose 65,000 hectares , c'est-à-dire la rive gauche tout entière. Mesurez-le , vous mesurez l'irrigation. Arrivé à Lavelanet, il garantit l'arrosage de la plaine de Muret ; des hauteurs de Bois-de-la-Pierre , il le répand sur la plaine de Toulouse ; qu'il dépasse Saint-Lys, et il jettera les eaux dans la zone de Fonsorbes, la Salvetat et Cornebarrieu ; s'il parvient à Grenade , il a conquis tout son domaine , et pas un pouce de terrain ne lui échappe. — Le canal principal c'est donc lui ! — Il représente seul l'intérêt général , et chaque rigole ne représente qu'un groupe particulier d'intérêts.

Parlez-vous de navigation ? vous êtes dans le vrai en désignant un canalsous le titre de *canal de Saint-Martory à Toulouse.* S'il ne s'agit que d'arrosage , ce titre n'a plus la clarté nécessaire. *De Saint-Martory à Toulouse*, il y a un canal et une rigole : — un canal inachevé partant de Saint-Martory , et tronqué à Bois-de-la-Pierre, — et une rigole commençant sur ce point pour se diriger vers Toulouse. Ce canal, amené jusqu'à Bois-de-la-Pierre , y trouve un grand obstacle , hésite à le franchir et s'arrête : mais par-dessus le Touch et sa vallée , il regarde toujours Saint-Lys , Sainte-Foy , Léguevin et Grenade , et leur fait ses promesses ; il leur dira toujours : Je suis à vous ! — A ce même point , la rigole de Toulouse, qui n'a pas autant d'ambition , se détourne, et s'en va , guidée par le Touch, visiter le Lherm, Labastidette et Grenade. A Bois-de-la-Pierre , le canal conserve une capacité suffisante pour contenir les provisions d'eau de 50,000 hectares arrosables; cette portée le met en situation de satisfaire tôt ou tard à ses obligations. A Bois-de-la-Pierre , la rigole se rétrécit beaucoup plus , et ne s'ouvre que pour recevoir la provision de 15,000 hectares ; il ne lui en faut pas davantage pour arroser directement les trois quarts de la zone de Toulouse, et c'est tout son office. Ces deux canaux , d'une portée si disproportionnée, ne sauraient donc être confondus.

Il y a une rigole de Bois-de-la-Pierre à Toulouse ; il n'y a pas, il ne peut pas y avoir *de canal d'irrigation de Saint-Martory à Toulouse*, dans un sens techniquement exact. Ce titre est de pure convention

Les définitions illogiques et les noms inexacts ont contribué à jeter dans les esprits une confusion dont nous risquons d'être les victimes. Le canal de ceinture se trouve , on ne sait pourquoi, divisé en trois parties. La première , de Saint-Martory au Fousseret, a été nommée *tronc commun,* par la commission départementale ; la deuxième , du Fousseret à Bois-de-la-Pierre, n'a pas même été nommée ; quant à la troisième partie, de Bois-de-la-Pierre à Grenade, nous sommes habitués à la désigner sous le nom de *Variante.* Attribuer ainsi diverses appellations au même canal, n'était-ce pas obscurcir ce qu'il aurait fallu éclairer ?

Note I. — LA LOI DE 1846.

Loin d'attaquer la loi de 1846, nous en réclamons nous aussi le bénéfice ; en effet, nous comprenons encore aujourd'hui cette loi , comme tout le monde la comprenait au moment de la souscription. En 1861 , l'administration ne nous annonçait pas et ne paraissait pas se douter que la loi de 1846 eût tranché une question sur la solution de laquelle nos souscriptions devaient avoir une *influence décisive* ; aussi n'en disait-elle pas un mot.

De son côté la commission départementale n'ignorait pas la loi ; elle y trouvait le principe de la création des réservoirs, et les motifs de ses observations contre la dérivation des eaux de la Neste ; elle ne sut pas y découvrir un titre, pour obtenir à la ligne de Toulouse la priorité d'exécution , et pour justifier ainsi ses avis.

L'interprétation tardive de la loi dans ce sens appartient au Conseil des ponts et chaussées qui nous dit : La loi de 1846 a promis un canal de navigation et d'irrigation de Saint-Martory à Toulouse ; la voie navigable est remplacée par une voie ferrée ; il reste à procurer l'irrigation ; donc le canal de Saint-Martory à Toulouse a seul droit aux subventions de l'Etat.

Si cette interprétation avait pour elle autre chose que les apparences de la logique, si elle était aussi naturelle qu'elle en a l'air, elle se serait présentée à tous les esprits en 1861. Or , elle ne se présenta à l'esprit de personne ; les circulaires administratives et le rapport de la commission départementale en font foi.

Avec cette interprétation , la souscription est un fait inexpliqué et inexplicable.

En 1861 on se disait : Le but principal de la loi de 1846 a été la création d'un canal de navigation , nécessairement dirigé sur Toulouse ; l'irrigation, but secondaire , accessoire, contingent, n'avait aucune influence sur le tracé de la ligne. Aujourd'hui le but n'est plus le même , le projet principal est abandonné ; le projet secondaire, infiniment secondaire , est devenu principal. Les termes ont été renversés , et la loi change comme les choses auxquelles elle s'adapte.

Le principal emportant l'accessoire, du moment qu'on rejette la navigation , la loi existe-t-elle encore ? n'est-ce pas une loi sans objet (1) ?

Et si elle conserve sa valeur, si on veut l'exécuter en partie, ne doit-elle pas subir les modifications impérieusement commandées par le but

(1) Cum principalis causa non consistit, ne ea quidem quæ sequuntur locum habent (l. 129, § 1. Dig., de diversis regulis juris).

nouveau que l'on poursuit? Une loi excellente pour la navigation ne peut-elle pas être mauvaise pour l'arrosage, de même qu'une ligne admirablement tracée pour voyager peut l'être fort mal pour arroser? Ici, la souscription était un moyen infaillible de discerner la meilleure ligne d'arrosage, la plus désirée, la plus productive, la plus avantageuse. Elle est le commentaire décisif que le peuple a écrit au bas de la loi de 1846, sur l'invitation pressante du gouvernement. Et lorsque M. le rapporteur de la commission du Conseil des ponts et chaussées déclare *que le sentiment général des populations donne la priorité au canal de Toulouse,* il se montre mal informé, et il formule, sur des faits éclatants, l'appréciation la plus inattendue.

La loi de 1846 a promis l'irrigation. — A qui? — Serait-ce par hasard aux communes de Frousins, de Seysses ou de Saint-Hilaire? — Qui oserait le dire? — L'irrigation n'est promise qu'à la ville de Toulouse et au département.

Mais Toulouse ne demande pas l'irrigation pour son pavé, et parce qu'elle convertit ses places en squares, on ne doit pas supposer pour cela qu'elle veuille convertir ses trottoirs en gazons. Il lui importe fort peu que l'on arrose Lardenne et Cugnaux et Villeneuve-les-Cugnaux avec la rigole qui porte son nom, ou bien que l'on arrose Blagnac et Beauzelle avec une rigole d'un nom plus modeste; de même il importe fort peu au département que l'irrigation commence à quatre ou à dix kilomètres de la Garonne. Ce qui importe à Toulouse et au département, c'est que l'arrosage soit porté sur le point le plus favorable, pour y réussir, pour féconder rapidement de vastes surfaces, et pour créer ces immenses richesses sur lesquelles Toulouse et le département doivent prélever la plus large part de tributs.

Toulouse, Imprimerie de A. CHAUVIN, rue Mirepoix, 3.

www.ingramcontent.com/pod-product-compliance
Ingram Content Group UK Ltd.
Pitfield, Milton Keynes, MK11 3LW, UK
UKHW020040100726
13658UKWH00003B/1437